Almanaque da família

Este Almanaque é parte integrante do *Buriti Mirim Maternal*. Não pode ser vendido separadamente.

Organizadora: Editora Moderna

Obra coletiva concebida, desenvolvida e produzida pela Editora Moderna.

Editora Executiva: Marisa Martins Sanchez

1ª edição

© Editora Moderna, 2017

Elaboração de originais

Mônica Pina
Pós-graduada em Psicopedagogia pela Faculdade de Pinhais e jornalista pela Faculdade Cásper Líbero, ambas em São Paulo. Foi professora em escolas particulares e públicas e tem especialização em Alfabetização e Educação Infantil.

Fábio Paschoal
Graduado em Ciências Biológicas pela Universidade de São Paulo e técnico em Turismo pelo Senac. Foi guia de ecoturismo na Amazônia e no Pantanal e educador nos Ensinos Fundamental e Médio.

Tatiana Corrêa Pimenta
Graduada em Comunicação Social com habilitação em Produção Editorial pela Universidade de São Paulo. Editora.

Alessandra Corá
Especialista em Alfabetização pelo Instituto Superior de Educação Vera Cruz e pedagoga pelo Centro Universitário Assunção, ambos em São Paulo. Professora de Educação Infantil e Ensino Fundamental em escolas públicas e particulares. Formadora de professores.

Marisa Martins Sanchez
Bacharel e licenciada em Letras pela Universidade São Judas Tadeu. Professora dos Ensinos Fundamental e Médio em escolas públicas e particulares. Editora.

Crédito de fotos
(da esquerda para a direita, de cima para baixo)
p. 3, 4 e 5 – Chikovnaya/Shutterstock; p. 8 e 9 – Miguel de Paula; p. 10 – Lorelyn Medina/Shutterstock; p. 13 – Carlos Yudica/Shutterstock; p. 15 – Africa Studio/Shutterstock; p. 16 – Reprodução; p. 19 – Ivan Mateev/Shutterstock; p. 21 – Mopic/Shutterstock; p. 22 – Picturepartners/Shutterstock; p. 23 – Serhii Krot/Shutterstock; p. 25 – João Caldas; Lela Beltrão; p. 30 – Robert Harding World Image/Getty Images; Colors/Shutterstock; p. 31 – Phophoto14/Shutterstock; p. 32 – Taitai6769/Istock Photo/Getty Images; Reprodução; p. 34 – Chuchiko17/Shutterstock; Diana Taliun/Shutterstock; p. 38 – Samuel Portela; p. 39 – Liana Sena; Samuel Portela; Devian Zutter; p. 41 – Edson Ruiz/Fotoarena; p. 42 – Four Oaks/Shutterstock; Nataliia Melnychuk/Shutterstock; Fabio Colombini; Nicolasvoisin44/Shutterstock; p. 44 – Romulo Fialdini/Tempo Composto – Tarsila do Amaral Empreendimentos – Musée de Grenoble, França; p. 46 – Studiovin/Shutterstock; p. 47 – Daisy Carias

Coordenação editorial: Tatiana Corrêa Pimenta
Edição de texto: Maiara Henrique Moreira, Mônica Pina, Cristiane Maia Pimentel, Tatiana Corrêa Pimenta, Grazielle Veiga
Assistência editorial: Magda Reis
Gerência de *design* e produção gráfica: Sandra Botelho de Carvalho Homma
Coordenação de produção: Everson de Paula
Suporte administrativo editorial: Maria de Lourdes Rodrigues (coord.)
Coordenação de *design* e projetos visuais: Marta Cerqueira Leite
Projeto gráfico e capa: Otávio dos Santos
    Bololofo (*boneco de tecido, feito com base no desenho de Hadrien, de 5 anos*): Graziella Poffo de Oliveira
    Foto do Bololofo: Paulo Manzi
Coordenação de arte: Carolina de Oliveira, Patricia Costa
Edição de arte: Estúdio Anexo
Editoração eletrônica: Estúdio Anexo
Ilustrações: Alan Carvalho, Alexandre Dubiela, Camila Hortêncio, Claudio Chiyo, Estúdio Chanceler, Waldomiro Neto
Coordenação de revisão: Elaine C. del Nero
Revisão: Andrea Ortiz
Coordenação de pesquisa iconográfica: Luciano Baneza Gabarron
Pesquisa iconográfica: Mariana Alencar, Carol Bock, Andrea Bolanho, Maria Marques
Coordenação de *bureau*: Rubens M. Rodrigues
Tratamento de imagens: Denise Feitoza Maciel, Marina M. Buzzinaro, Luiz Carlos Costa, Joel Aparecido
Pré-impressão: Alexandre Petreca, Denise Feitoza Maciel, Everton L. de Oliveira, Marcio H. Kamoto, Vitória Sousa
Coordenação de produção industrial: Wendell Monteiro
Impressão e acabamento: HRosa Gráfica e Editora
Lote: 296090

ISBN 978-85-16-10381-1 (LA)
ISBN 978-85-16-10382-8 (GR)

Reprodução proibida. Art. 184 do Código Penal e Lei 9.610 de 19 de fevereiro de 1998.
Todos os direitos reservados
EDITORA MODERNA LTDA.
Rua Padre Adelino, 758 – Belenzinho
São Paulo – SP – Brasil – CEP 03303-904
Vendas e Atendimento: Tel. (0_ _11) 2602-5510
Fax (0_ _11) 2790-1501
www.moderna.com.br
2021
Impresso no Brasil

1 3 5 7 9 10 8 6 4 2

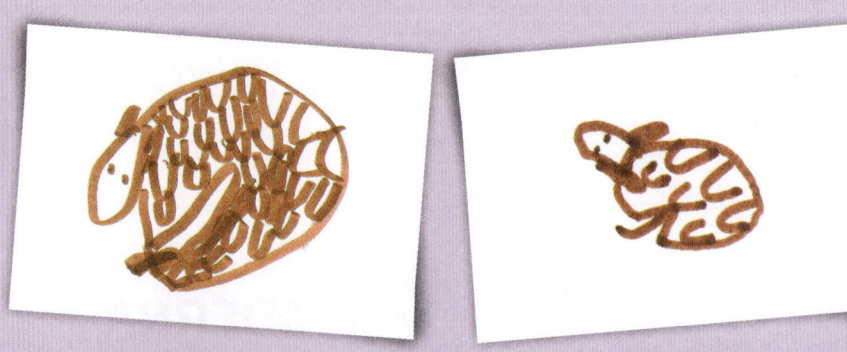

Estes desenhos feitos pelo Hadrien, 5 anos, deram origem aos bonecos da capa.

Este Almanaque foi feito para adultos e crianças.

Ele deve ser folheado sem pressa... Com prazer... Com vontade de descobrir e redescobrir a magia do universo infantil.

O Almanaque foi elaborado para fortalecer os laços da família com a criança e também com a escola, em uma parceria produtiva e saudável. De que modo isso é possível?

- ✓ Compreendendo as etapas do desenvolvimento infantil.
- ✓ Conhecendo dicas de como auxiliar a criança na aprendizagem.
- ✓ Participando de atividades em que ela desenvolverá habilidades específicas.
- ✓ Dialogando com a escola sobre o fazer, o pensar e o sentir da criança.
- ✓ Respeitando os limites da criança e estimulando-a a superar dificuldades.
- ✓ Valorizando as conquistas da criança.

Aqui tem de tudo um pouco para que a criança e os adultos registrem e compartilhem experiências e saberes.

A COLEÇÃO BURITI MIRIM

A coleção **Buriti Mirim** tem uma proposta didático-pedagógica que respeita a infância, período da vida fundamental para a formação de seres humanos plenos, e os direitos da criança ao acolhimento e à aprendizagem.

O material didático da criança

Livro do aluno

Caderno de criatividade

Almanaque da família

O material exclusivo do professor

Além do material desenvolvido para a criança, o professor também recebe:

Guia e Recursos Didáticos

Coletânea de histórias

Fundamentado nas *Diretrizes Curriculares Nacionais para a Educação Infantil* e em outros documentos oficiais, a coleção **Buriti Mirim** foi elaborada de modo a oferecer contextos ricos e significativos para a criança e a comunidade escolar.

Livro do aluno
Organizado em atividades sequenciais, possibilita uma vivência integrada do conhecimento, com propostas que se relacionam com diferentes eixos de aprendizagem.

Caderno de criatividade
Composto de pranchas para a exploração sensorial e artística de diversos tipos de material, como tinta guache, folhas secas e areia. Contém ainda alguns moldes temáticos para a criança customizar.

Almanaque da família
Informações, dicas e atividades para a criança e seus familiares.

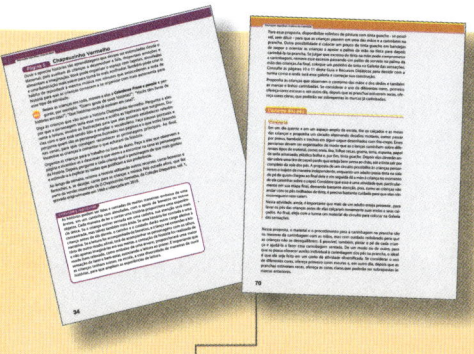

Guia e Recursos Didáticos
No Guia, o professor encontra considerações gerais sobre a Educação Infantil, orientações específicas para cada atividade proposta no livro do aluno e no Caderno de criatividade, e sugestões de encaminhamentos complementares. Inclui *CD* com áudios.

Coletânea
Prosa e poesia
Narrativas em prosa ou em verso ganham lindas ilustrações nesta coletânea, elaborada especialmente para os momentos de contação de história na escola.

SUMÁRIO

Neste Almanaque, há informações sobre o desenvolvimento das crianças, atividades que complementam as propostas didáticas realizadas na escola, curiosidades sobre assuntos diversos e muito mais! Conheça as seções do Almanaque e confira as páginas onde elas se encontram.

A MASCOTE DO ANO  8

Informações e curiosidades sobre uma espécie animal ameaçada de extinção.

CÁ ENTRE NÓS 10, 13, 22, 26, 45

Textos de natureza pedagógica e/ou neurocientífica que ajudam os familiares a compreender as etapas de desenvolvimento da criança e a contribuir para que ocorram de modo integral.

DESAFIO 15, 23, 31, 42

Atividades que permitem à criança avançar em seus conhecimentos e em procedimentos de pesquisa mediados por adultos.

DICAS 16, 21, 28, 41, 44, 47

Informações que auxiliam e estimulam os familiares a colaborar com o processo de aprendizagem da criança.

Em família 11, 17, 20, 24, 29, 33, 35, 43

Atividades para serem feitas com a participação dos adultos e, depois, compartilhadas com os colegas da escola.

LEMBRETE 10, 28, 41, 45, 47

Provérbios, citações e poemas de escritores, pedagogos ou teóricos da Educação para sensibilização e reflexão.

MÃOS À OBRA  12, 14, 18, 27, 40, 46

Atividades motoras e de criação para a criança, em que um adulto a acompanha, se possível, sem intervir.

NA REDE 16, 25, 32, 38, 47

Textos publicados na internet, informações sobre o uso de dispositivos eletrônicos e dicas diversas, incluindo os cuidados que devem ser tomados em ambientes virtuais.

ORGÂNICOS  19, 34

Culinária com receitas saudáveis e dicas para o cultivo de verduras e hortaliças em casa com a participação de toda a família.

PLAYGROUND 13, 21, 26, 30, 45

Na varanda, no quintal, no apartamento, na pracinha, com chuva ou com sol, é hora de brincar com a criança!

VOCÊ SABIA? 22, 30, 32, 41, 44

Curiosidades sobre temas variados.

A MASCOTE DO ANO

Para este ano, foi escolhido como mascote o **TATU-BOLA**.

▲ Tatus-bola no Cânion do rio Poti, no Piauí.

O simpático bolinha

O tatu-bola é a menor e menos conhecida espécie de tatu do Brasil. Quando se sente em perigo, curva as costas, coloca a cauda ao lado da cabeça e adquire um formato de bola. Assim, todo o corpo fica protegido dentro de uma resistente carapaça.

Mas essa estratégia de proteção não diminui o risco de extinção da espécie. A caça ilegal para o consumo da carne é a grande ameaça à sobrevivência do tatu-bola. A destruição e alteração de seu hábitat, devido principalmente à expansão de monoculturas de cana-de-açúcar e de soja, é outro grave problema enfrentado pela espécie.

ONDE EU VIVO?

O tatu-bola vive somente no Brasil e está ameaçado de extinção, classificado como em perigo. Ele é encontrado na Caatinga e no Cerrado, nos estados de Alagoas, Bahia, Ceará, Maranhão, Paraíba, Pernambuco, Piauí, Rio Grande do Norte, Sergipe e Tocantins.

- Floresta Amazônica
- Pantanal
- Cerrado
- Caatinga
- Mata Atlântica
- Pampa

Fonte: MMA e ICMBio. Disponível em: <http://mod.lk/biomas>. Acesso em: 16 mar. 2017.

COMO EU SOU?

Nome científico: *Tolypeutes tricinctus*

Nome comum em português: tatu-bola, tatu-apara, bola, bolinha, tranquinha ou tatu-bola-do-nordeste

Nome comum em inglês: *brazilian three-banded armadillo*

Grupo: mamíferos

Comprimento do corpo: de 30 a 40 centímetros (com a cauda)

Peso: de 1 a 1,8 quilogramas

Cor: amarelo-pardo

Quantidade de filhotes por gestação: um, raramente dois

Dieta: onívora (principalmente cupins, mas outros invertebrados e material vegetal)

Categoria na *Lista de espécies da fauna brasileira ameaçadas de extinção*: em perigo

VOCÊ SABIA?

- A quantidade e o arranjo das placas da cabeça de um tatu-bola são únicos e podem funcionar como uma impressão digital para identificar indivíduos.
- O tatu-bola não cava tocas, mas usa as que foram abandonadas por outros animais para se abrigar ou cobre-se com folhas.
- Ele foi escolhido como mascote da Copa do Mundo de 2014.

Tatu-bola em Buriti dos Montes, no Piauí.

NA REDE

Saiba mais sobre o tatu-bola e conheça instituições que lutam pela preservação dessa espécie.

ICMBio (Instituto Chico Mendes)
<http://mod.lk/icmtatu>

Associação Caatinga
<http://mod.lk/acaat>

Programa Tatu-bola
<http://mod.lk/tatbola>

Confira a entrevista com o responsável pelo Programa Tatu-bola na página 38 deste Almanaque.

Acessos em: 13 mar. 2017.

LEMBRETE

Nesta vida, pode-se aprender três coisas de uma criança: estar sempre alegre, nunca ficar inativo e chorar com força por tudo o que se quer.

Paulo Leminski.

CÁ ENTRE NÓS

Família e escola: uma parceria pelo bem das crianças

Ao ingressar na Educação Infantil, a criança precisa de um período de adaptação para se acostumar à nova rotina. O primeiro contato com um novo ambiente e um grupo de pessoas diferentes das de sua família pode gerar insegurança e ansiedade. A parceria entre a família e a escola é essencial nesse momento de transição em que a criança precisa criar vínculos com colegas, professores e demais profissionais da instituição escolar, sentindo-se cada vez mais segura e confiante.

Sugestões

- A adaptação da criança começa na escolha da escola. Quanto mais a família estiver segura de que tomou a decisão certa, mais ela sentirá essa tranquilidade e segurança. Conheça a proposta pedagógica da escola, observe os ambientes da instituição, esclareça dúvidas e converse com os professores.

- O período de adaptação costuma durar uma semana, mas pode variar dependendo da criança. Dedique-se a essa fase e explique à criança por que ela vai para a escola e o que ela vai fazer lá, como brincar com outras crianças e aprender coisas novas com os professores.

- Convide a criança a participar dos preparativos para ir à escola, como arrumar a mochila e a lancheira. Assim, ela vai se sentir cuidada e integrada.

- Demonstre interesse em saber o que a criança fez na escola e escute atentamente a fala dela. Essa é uma maneira de a família se fazer presente.

- A comunicação entre a família e a escola é muito importante. Avise os profissionais da escola sobre questões de saúde da criança ou qualquer situação diferente pela qual ela esteja passando. Crie também o hábito de consultar diariamente a agenda da criança para verificar os recados do professor.

Em família

Refletir, colar e escrever

Qual é o seu nome? Em que parte do rosto fica o seu nariz? E a sua boca? Você sabe qual é a cor dos seus olhos? Cole uma fotografia sua e peça a um adulto que escreva o seu nome.

Realize esta atividade quando o professor solicitar.

Meu nome completo é _____

_____.

MOSTRE AOS COLEGAS DA ESCOLA.

MÃOS À OBRA — Colorir

PLAYGROUND

Que criança não gosta de brincar com água? A brincadeira fica melhor ainda com água colorida. Escolha um lugar seguro e deixe a diversão rolar!

Como se brinca

- Coloque água em recipientes plásticos transparentes e pingue, em cada um deles, algumas gotas de corante alimentício de uma cor diferente.
- Ofereça para a criança potes vazios, canecas, copinhos e colheres de plástico e sugira a ela que passe a água colorida de um recipiente para outro. Ela pode experimentar diferentes utensílios e também misturar as cores. Enquanto se diverte, ela vai se encantar com os resultados dessas misturas.

CÁ ENTRE NÓS

As crianças parecem atarefadas quando estão brincando. Elas realmente estão muito ocupadas, pois, enquanto brincam, estabelecem contato com o ambiente, com as pessoas e os objetos ao seu redor, fazem comparações e análises, testam hipóteses, imitam, experimentam, imaginam e criam um mundo complexo que mistura realidade e fantasia. Por isso, é importante promover brincadeiras que permitam ampliar o potencial dessa aprendizagem de maneira natural e espontânea.

Na faixa dos 2 anos, muitas crianças já conversam e demonstram autonomia para fazer certas atividades. Essa é uma boa fase para oferecer a elas experiências sensoriais com diferentes tipos de material, para que sintam as texturas, e introduzir jogos simbólicos como as brincadeiras de faz de conta. Como a memória, a concentração e a coordenação motora das crianças estão mais desenvolvidas, elas já podem brincar com jogos de memória, quebra-cabeças com peças grandes e jogos de encaixe. Nessa idade, elas costumam adorar fazer e refazer, montar e desmontar.

MÃOS À OBRA — Colorir

DESAFIO

Qual destes pinos é da cor verde?

Do que você pode brincar com esses pinos e com essa bola?

_____

DICAS

▶ Desde cedo a criança deve saber por que os hábitos de higiene são importantes. Defina uma rotina de cuidados com a criança e mostre a ela o que já pode fazer e como, valorizando o desenvolvimento da autonomia.

▶ Associe os momentos de autocuidado com diversão em família. A criança vai adorar ouvir música e cantar durante o banho, fazer bolhas com a espuma do sabonete e criar penteados com os cabelos molhados. Atividades como lavar as mãos antes das refeições podem se tornar momentos lúdicos também, bastando, para isso, recorrer ao faz de conta.

▶ O momento das refeições em família é estratégico para a formação de hábitos alimentares saudáveis. Ofereça novos alimentos à criança e incentive-a a experimentá--los, mesmo em pequenas quantidades. Dê o exemplo e prepare refeições com muitos vegetais e frutas para toda a família. Desligue a televisão e o celular durante as refeições e lembre a criança de mastigar com calma.

NA REDE

Primeira infância

Segundo o **Instituto Zero a Seis**, a primeira infância corresponde ao período que vai da concepção do bebê até os 6 anos de idade. Essa é uma etapa fundamental da vida, pois o ser humano passa por processos de crescimento físico, amadurecimento do cérebro, aquisição de movimentos e de desenvolvimento da capacidade de aprender e de se relacionar.
A primeira infância é um período decisivo na formação da personalidade das pessoas.

▲ Página inicial do *site* Instituto Zero a Seis.

Formado por especialistas de diversas áreas de conhecimento, o Instituto Zero a Seis realiza projetos e divulga informações com enfoque no aprendizado social e emocional das crianças durante a primeira infância. O intuito é que elas tenham uma vida digna e saudável e que também ajudem a construir, quando adultas, uma sociedade mais pacífica e cooperativa.

▶ Acesse artigos e notícias no *site* <http://mod.lk/zeroseis> e acompanhe a agenda de eventos em <http://mod.lk/face0a6>. Acessos em: 20 mar. 2017.

Em família

Refletir e colar

Quem mora na sua casa com você? O que você gosta de fazer com as pessoas de sua família? Cole uma fotografia de você com seus familiares.

Realize esta atividade quando o professor solicitar.

MOSTRE AOS COLEGAS DA ESCOLA.

MÃOS À OBRA — Colorir

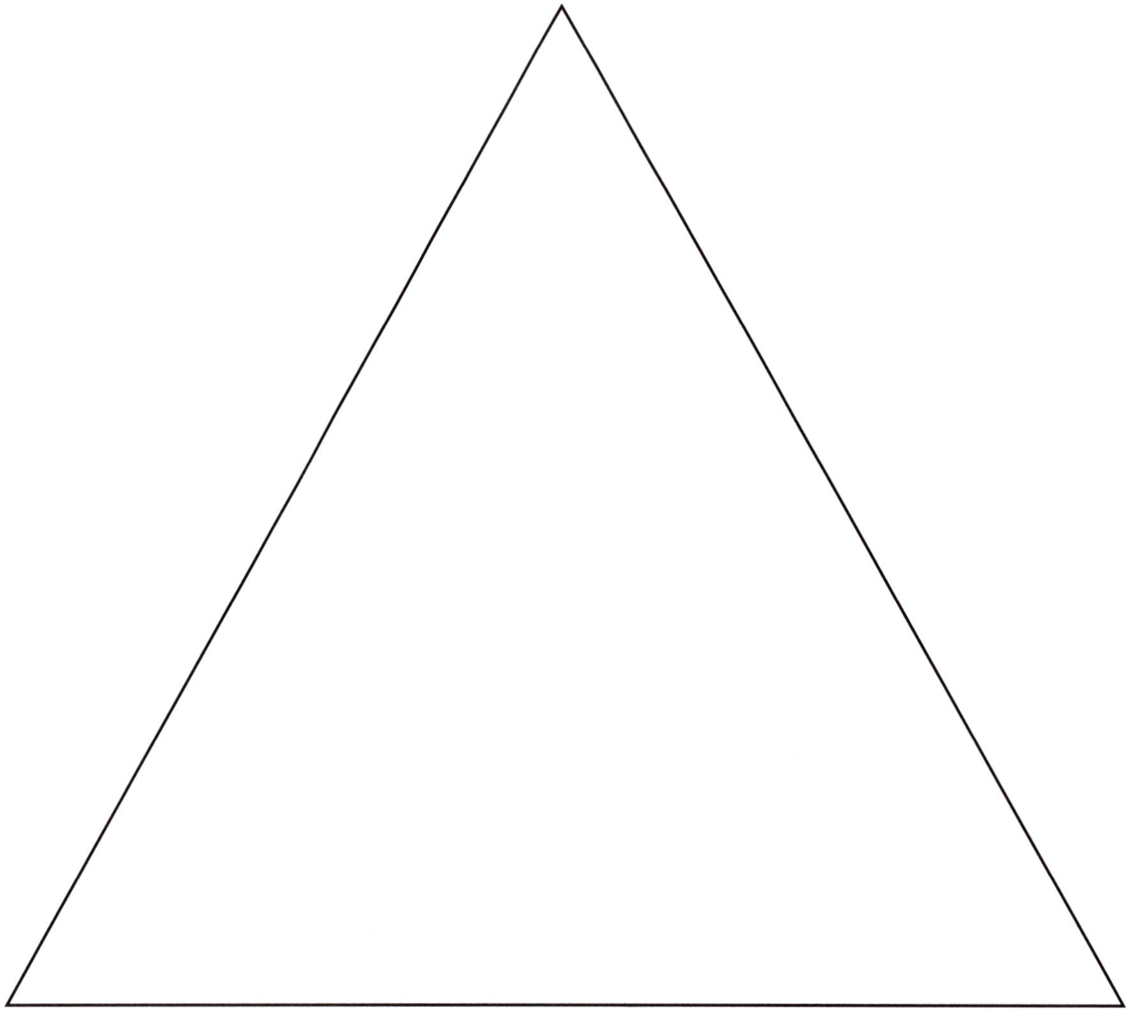

ORGÂNICOS

Docinhos de cenoura

Variar a forma de apresentação dos alimentos é uma ótima estratégia para incentivar as crianças a conhecer novos sabores. Antes que elas possam declarar que não gostam de cenoura, convide-as a colocar a mão na massa para lhe ajudar a preparar uma receita especial, que poderá fazer parte do lanche da tarde, virar sobremesa e até ganhar espaço nas festas de aniversário.

Ingredientes

- 200 gramas de cenoura
- 200 gramas de açúcar mascavo
- 150 gramas de coco ralado
- Suco de 1 laranja pequena
- Coco ralado para decorar

Modo de fazer

1. Descasque as cenouras, retire o topo delas e cozinhe-as. Depois, escorra a água e faça um purê, amassando bem as cenouras.
2. Deixe o purê esfriar e acrescente a ele o açúcar, o coco ralado e o suco de laranja, amassando bem a mistura com as mãos. As crianças vão adorar participar dessa etapa.
3. Deixe a massa na geladeira por 24 horas em um recipiente fechado.
4. Molde bolinhas com a massa. Se a mistura estiver muito mole, acrescente mais um pouco de coco ralado.
5. Passe as bolinhas em coco ralado e coloque-as em forminhas antes de servir.

FIQUE DE OLHO!

* Prefira alimentos orgânicos, sem agrotóxicos e produzidos de maneira sustentável.
* Unte as mãos com um pouco de manteiga para modelar os docinhos com mais facilidade. Você pode dar a eles a forma de cenourinhas e acrescentar uma folhinha de salsinha no topo para parecer ainda mais com uma cenoura de verdade.
* Aproveite para replantar o topo das cenouras e cultivá-las em casa (veja a página 34)!

Em família

Pesquisar e escrever

Você gosta de ouvir música? Alguém já cantou alguma cantiga de ninar para você? Peça a um adulto que registre a letra de sua música ou cantiga de ninar preferida.

Realize esta atividade quando o professor solicitar.

MOSTRE AOS COLEGAS DA ESCOLA.

DICAS

▶ Incentive a criança a se expressar por meio da fala, a refletir sobre as experiências que vivencia e a compartilhar suas sensações. Converse com ela, faça perguntas e dê um tempo para ela pensar e articular uma resposta. Fale clara e corretamente, sem restringir o repertório, para que ela possa aprender novas palavras.

▶ Estabeleça um diálogo com a criança durante as mais variadas atividades do dia a dia, nomeando o que aparece ao redor, como as partes do corpo enquanto ajuda a criança a se vestir, os alimentos durante as refeições, as cores e os brinquedos durante as brincadeiras.

▶ Cante, leia poemas e brinque com parlendas usando diferentes ritmos e entonações. Estimule a criança a repetir as palavras da maneira que ela conseguir.

▶ Promova diferentes situações comunicativas de faz de conta, como falar ao telefone, cuidar de bonecos, ouvir e recontar histórias e encenações com fantoches.

PLAYGROUND

Balões de festa rendem muita diversão e, com um pouco de criatividade, podem virar personagens com expressões engraçadas. Providencie balões, canetinha, cola, papel, lã e mãos à obra!

Como se brinca

- Combine com a criança que expressão ela deseja desenhar, como uma cara feliz, triste, brava ou assustada.
- Desenhe ou cole o nariz, os olhos e a boca no balão. Trace sobrancelhas e mostre para a criança como elas ajudam a caracterizar a expressão.
- Faça detalhes como cabelos e bigodes com lã e escolha o nome da personagem com a ajuda da criança.
- Misture os balões e desafie a criança a encontrar uma personagem pelo nome ou pela expressão dela.

VOCÊ SABIA?

- O medo é um grande aliado do ser humano, pois, ao ser capaz de antecipar riscos, ele se protege devidamente de diversos perigos.

- Ao sinal de um perigo, o coração humano acelera e bombeia mais sangue, com uma dose de adrenalina que deixa os músculos prontos para reagir. Como os órgãos do abdômen e a pele recebem menos sangue, sentimos frio na barriga, arrepios e transpiramos. Isso tudo pode acontecer antes que o cérebro consiga analisar se a ameaça é real, por isso temos reações de medo quando assistimos a um filme de suspense ou terror.

- Aprendemos a ter medo com base em nossas experiências e na observação das reações das pessoas. Se uma mãe fica assustada sempre que passa por um cachorro, a criança pode registrar essa experiência como perigosa.

- Outros medos, como o de cobra, advêm de uma memória genética. Por isso, se há quem admire as cobras, há também quem já nasça com medo delas.

CÁ ENTRE NÓS

Sentir medo diante de perigos imaginários é natural e faz parte do desenvolvimento infantil, mas isso não significa que esse sentimento possa ser ignorado ou subestimado. Caçoar dos medos da criança ou demonstrar desinteresse pelo assunto pode aumentar a angústia dela. É essencial que a família fortaleça o diálogo, transmitindo segurança e encorajando a criança a enfrentar seus receios. Se ela tem medo de palhaços, por exemplo, vale incentivá-la a se aproximar desses artistas circenses e mostrar que eles não oferecem perigo. Porém, se mesmo orientada, a criança se mantém aflita com determinada situação, o melhor é não forçar um enfrentamento. Vale também embarcar na fantasia, como inventar um super-herói que afasta todos os medos.

Em família

Pesquisar e colar

Quantos anos você tem? Você gosta de fazer aniversário? Que tal olhar fotografias e outras recordações de alguma comemoração feita para você? Escolha uma dessas lembranças e cole-a nesta página.

Realize esta atividade quando o professor solicitar.

MOSTRE AOS COLEGAS DA ESCOLA.

NA REDE

Música para a criançada

Proporcionar às crianças o contato com diferentes tipos de música é uma forma de ajudá-las a desenvolver a concentração e a memória auditiva. Não é difícil encontrar aplicativos e *sites* com vídeos e áudios voltados para o público infantil. Confira algumas dicas!

Palavra Cantada

O canal oficial da dupla Palavra Cantada no Youtube oferece muita música com videoclipes divertidos. No *link* <http://mod.lk/palacant>, explore as *playlists* Música para Brincar e Música para Dançar, além de vídeos do DVD "Pauleco e Sandreca".

Paulo Tatit e Sandra Peres, da dupla Palavra Cantada.

Grupo Tiquequê

As apresentações do grupo Tiquequê misturam música, dança, teatro e brincadeiras. No canal oficial do grupo no Youtube, em <http://mod.lk/grutique>, é possível assistir a vídeos que tratam de temas do cotidiano das crianças de um jeito alegre e criativo.

Acessos em: 22 mar. 2017.

Wem, Didi Tatit e Bel Tatit, do grupo Tiquequê.

Fique atento!

Especialistas recomendam que as crianças de cerca de 2 anos fiquem no máximo 1 hora por dia expostas a telas de TV, celulares, *tablets* e computadores, sempre com conteúdos apropriados à faixa etária. É importante que a família priorize atividades criativas e brincadeiras que promovam a interação e a comunicação entre crianças, deixando-as longe dos eletrônicos.
Ainda que a internet seja uma boa fonte de acesso a músicas e vídeos, quando se trata de crianças pequenas, é indicado retardar o acesso. E, quando ele acontecer, especialmente no início, deve ser limitado e mediado por um adulto, responsável por escolher (antecipadamente) os recursos e interagir com as mídias. Desse modo, a criança assiste, ouve, canta e dança com o assentimento e a companhia de quem é responsável por ela.

PLAYGROUND

As brincadeiras de roda fazem parte da cultura de diferentes povos e sempre garantem momentos de alegria. Que tal reunir as crianças para entrar na roda e brincar em família?

Como se brinca

- Os participantes formam um círculo, dão as mãos e cantam uma cantiga, girando de acordo com o ritmo da música e seguindo o que a letra da canção indica, como girar para a esquerda ou para a direita, agachar e levantar.
- Procure se lembrar de canções de roda de sua infância e peça dicas a outros familiares, convidando avós, tios e primos para entrar na roda também. E, se precisar ampliar o repertório, consulte as sugestões musicais na página 25 deste Almanaque.

CÁ ENTRE NÓS

Os primeiros anos de vida são essenciais para o desenvolvimento do ser humano. Nessa fase tão especial, as crianças precisam de cuidado, carinho, estímulo e atenção, pois cada momento de interação é importante para a formação emocional e cognitiva delas.

O afeto, a harmonia e a proximidade com a família garantem a sensação de segurança e tranquilidade de que as crianças precisam. Além disso, o bom relacionamento com pessoas próximas da família e com os membros da comunidade escolar ajuda as crianças a tomar consciência de sua individualidade, a compreender as diferenças entre as pessoas e a desenvolver seu potencial afetivo.

Por isso, é importante incentivar a convivência das crianças com pessoas de diferentes idades e valorizar os momentos de alegria desses encontros. Também é importante ajudar as crianças a perceber como os familiares e amigos tomam decisões em conjunto, se preocupam com o bem-estar uns dos outros, compartilham sentimentos e se ajudam.

MÃOS À OBRA — Colorir

▶ Com um pouco de imaginação é possível transformar os ambientes da casa em espaços para diferentes brincadeiras. Fique sempre por perto da criança nessas situações, retire objetos perigosos do local e defina os limites do que ela pode ou não fazer, mas deixe que explore os ambientes e encontre novos jeitos de se divertir.

▶ O momento do banho pode se tornar uma brincadeira criativa e relaxante. Para isso, encha uma bacia ou banheira infantil de água morna até uma altura segura, convide a criança a se sentar dentro dela e disponibilize alguns brinquedos, como potinhos, bichinhos e um regador. Supervisione a criança durante esse banho brincante, intercalando os momentos de brincadeira com os de cuidados, como o de ensaboar o corpo e o de lavar os cabelos.

▶ Acampar na sala é muito fácil: prenda uma tira comprida de barbante em dois pontos de apoio, coloque um lençol por cima, prenda as pontas dele no chão e a barraca estará pronta!

▶ Na cozinha, há objetos perigosos que devem permanecer fora do alcance das crianças, mas potes de plástico e tampas podem ser armazenados em um armário baixo para que elas tirem todos do lugar, espalhem pelo chão e se divirtam colocando uns dentro dos outros, tampando e destampando.

▶ Depois de qualquer brincadeira, peça a ajuda das crianças para arrumar a bagunça e atribua a elas missões como recolher os potes ou as almofadas. Assim, a arrumação vai virar diversão.

LEMBRETE

Meu quintal é maior que o mundo.

Manoel de Barros.

Em família — Refletir e registrar

Que alimentos você costuma comer? Você gosta de frutas? E de verduras e legumes? Que tal desenhar seu alimento preferido ou colar uma imagem dele?

Realize esta atividade quando o professor solicitar.

MOSTRE AOS COLEGAS DA ESCOLA.

VOCÊ SABIA?

- Os pássaros tecelões que vivem na África fazem imensos ninhos de capim trançado. Esses ninhos têm entradas secretas, câmaras internas que retêm o calor para as noites, espaços mais frescos para o dia e podem abrigar centenas de aves.

- Para atrair as fêmeas, o pássaro-cetim capricha na decoração do ninho, enfeitando-o com tudo o que encontra de mais colorido no ambiente, como pétalas de flores, frutas, folhas e pedras. As fêmeas, muito exigentes, visitam os ninhos antes de escolher o preferido.

- Os cupins usam terra, madeira, saliva e excrementos para construir cupinzeiros de até 9 metros de altura. Os túneis são planejados para controlar a temperatura e a umidade, protegendo os ovos e as larvas.

- Os castores são verdadeiros engenheiros! Eles derrubam árvores e juntam madeira e barro para fazer barragens em lagoas, formando poças d'água que escondem as entradas subaquáticas de seus abrigos, que ficam na superfície.

▲ Ninho de pássaros tecelões no Deserto do Namibe, na Namíbia.

PLAYGROUND

Brincar sozinha é uma maneira de a criança desenvolver a confiança e a independência. Com massa de modelar e objetos do dia a dia, ela pode ter momentos de concentração e descobertas.

Como se brinca

- Ofereça objetos como pentes, blocos de montar, miniaturas de animais, tampas e colheres de plástico para a criança usar como carimbo sobre a superfície da massinha. Você pode desafiá-la a descobrir qual é o objeto referente a cada impressão.

- Sugira à criança que molde comidas de massinha. Lembre-a de que são comidinhas para brincar, não para comer.

- A criança vai se encantar ao misturar massinhas de cores diferentes e descobrir as novas cores que surgem.

DESAFIO

Qual destes balões é da cor laranja?

Esses balões têm a forma de que bicho?

_____

VOCÊ SABIA?

- O morango é um pseudofruto que se origina da flor do morangueiro. Os verdadeiros frutos são os pontinhos escuros da superfície do morango.

- Algumas frutas nativas do Brasil são bem conhecidas, como a goiaba, o caju e o guaraná, mas pesquisadores acreditam que existam mais de 300 frutas brasileiras ainda pouco conhecidas, como o marolo, o taperebá e a fruta-de-ema.

- O durião, uma fruta saborosa muito apreciada na Ásia, tem um cheiro tão ruim que o seu consumo é proibido em muitos locais públicos.

- Muitas frutas, verduras e legumes não são comprados por serem considerados "feios". Para combater o desperdício, alguns estabelecimentos já vendem vegetais imperfeitos a preços mais acessíveis.

Durião, fruta asiática.

NA REDE

De olho na alimentação

Não faltam receitas e dicas de alimentação na internet, mas é preciso conferir se a fonte de informação é confiável.

Com foco nas crianças, o site **Meu pratinho saudável** acredita que se alimentar bem pode ser fácil, prazeroso e gostoso. Para isso, as crianças devem aprender a selecionar alimentos que nutrem o organismo e não apenas saciam a fome. O paladar é formado nos primeiros anos de vida e, se a criança se acostuma com alimentos açucarados, fica cada vez mais difícil diminuir o consumo de doces. Acontece o mesmo com o sal e a gordura. Assim, quanto mais variada for a dieta da criança, mais ela se mostrará disposta a experimentar novos alimentos, ampliando o paladar.

Confira no link ao lado dicas de lanches para levar para a escola, receitas diversas e informações sobre a alimentação em diferentes faixas etárias.

▲ Página inicial do site Meu pratinho saudável.

<http://mod.lk/pratinho>. Acesso em: 16 mar. 2017.

Observar e colar

O que tem no quarto onde você dorme? Você dorme sozinho ou com mais alguém? Peça a um adulto que cole uma imagem de seu quarto.

Realize esta atividade quando o professor solicitar.

MOSTRE AOS COLEGAS DA ESCOLA.

Plantando cenouras

Suco, salada, purê, bolo... tudo fica mais gostoso com cenoura. Vegetal versátil, utilizado em receitas de diferentes culturas pelo mundo e bastante nutritivo, a cenoura ajuda na prevenção de doenças e melhora a visão. Para completar, esse vegetal pode ser replantado, aproveitando-se as sobras do almoço!

O que é necessário?

- 3 cenouras
- Vasilha com água
- Vaso com pelo menos 30 cm de profundidade
- Terra adubada

Como se planta?

1. Corte um pedaço de cerca de 2 cm do topo das cenouras e retire as folhas com cuidado.
2. Coloque os pedaços em uma vasilha com 0,5 cm de água e deixe em um local iluminado por cerca de dez dias, até começar a aparecer novas folhas e raízes.
3. Encha o vaso com terra adubada e plante o topo das cenouras, mantendo distância entre eles e deixando as folhas para fora da terra.
4. Regue.

FIQUE DE OLHO!

* Deixe o vaso exposto ao sol quatro horas por dia e mantenha a terra úmida, sem encharcá-la. Aos poucos a planta vai crescer e surgirão novas folhas.
* As cenouras podem ser colhidas cerca de três meses após a germinação, quando as primeiras folhas começam a ficar amareladas. Para retirá-las da terra, segure firme na base das folhas e puxe as cenouras.
* Utilize as cenouras cultivadas em casa para preparar diversas receitas, como os docinhos sugeridos na página 19.

BOLOTINHA, O TATU-BOLA

ERA UMA VEZ BOLOTINHA,
TATU-BOLA DO SERTÃO.
UM BEBÊ TÃO DELICADO,
QUE CABE NA PALMA DA MÃO.

NOS PASSEIOS COM A MAMÃE
BOLOTINHA SE DIVERTE.
OLHA TUDO COM ENCANTO,
QUE FILHOTE SERELEPE!

MAS, PEQUENO E INDEFESO,
A MAMÃE LOGO LHE AVISA:
"PRESTE MUITA ATENÇÃO
NOS PERIGOS DO SERTÃO".

CAUTELOSA, A MÃE LHE DIZ
"UM SEGREDO VOU CONTAR:
VOCÊ TEM UM FORTE ESCUDO
QUE VAI SEMPRE TE GUARDAR".

MOSTRA ENTÃO AO PEQUENINO
COMO É BOM SER TATU-BOLA:
ENROLA E ROLA, VEJA SÓ...
"A MAMÃE AGORA É BOLA!"

Em família

BEM FELIZ COM A DESCOBERTA,
BOLOTINHA APRENDEU:
EM PERIGO, FIQUE ALERTA,
ENROLA E ROLA, TATU-BOLA!

MAS BRINCANDO DE ROLAR
AFASTOU-SE DA MAMÃE.
"ORA, BOLAS, E AGORA?
QUEM ME AJUDA A PROCURAR?"

PARA UM LADO, O AÇUDE.
PARA O OUTRO, O JUAZEIRO.
"SE A MAMÃE SENTISSE FOME,
IRIA ATRÁS DE UM FORMIGUEIRO!"

CONFIANTE E DECIDIDO,
BOLOTINHA TOMOU RUMO.
QUANDO, DE REPENTE, OUVE
UM BARULHO DE OUTRO MUNDO!

ENROLA E ROLA, TATU-BOLA,
QUE A AMEAÇA É MUITO CLARA.
MAS NÃO ERA NADA, NÃO.
SÓ UMA LINDA E AMIGA ARARA...

BOLOTINHA SEGUE EM FRENTE,
DESTEMIDO E VALENTE,
QUANDO UM BELISCÃO BEM FORTE
NO TRASEIRO ELE SENTE.

ENROLA E ROLA, TATU-BOLA,
QUE VOCÊ NÃO ESTÁ SOZINHO!
MAS NÃO ERA NADA, NÃO.
SÓ UM CACTO COM ESPINHO...

BOLOTINHA, JÁ TRISTINHO,
COMEÇAVA A SOLUÇAR.
TUDO ERA ASSUSTADOR
SEM MAMÃE PARA EXPLICAR.

UM ZUMBIDO NA ORELHA
JÁ O FAZIA EMBOLAR.
ORA, BOLAS, TATU-BOLA!
NADA DE DESANIMAR...

COM VONTADE DE CHORAR,
BOLOTINHA OUVE AO LONGE:
"DESENROLA, MEU AMOR,
ERA SÓ UM BEIJA-FLOR".

O PEQUENO TATU-BOLA
QUASE PULA DE ALEGRIA!
"ESSA VOZ QUE OUVI AGORA...,
É A MAMÃE!", DIZ BOLOTINHA.

Luciana Saito. Texto inédito.

NA REDE

Proteção ao tatu-bola

Mônica Pina

O Programa Tatu-bola é uma iniciativa da Associação Caatinga para proteger o tatu-bola, uma espécie animal ameaçada de extinção. O biólogo Samuel Portela, criador do programa, participa de expedições em busca do tatu-bola na Caatinga e nos conta nessa entrevista um pouco sobre esse importante trabalho.

▲ O biólogo Samuel Portela.

◆ **Por que a Associação Caatinga resolveu se dedicar à proteção do tatu-bola?**

Primeiramente por se tratar de uma espécie ameaçada de extinção e endêmica, ou seja, que só ocorre na Caatinga e em algumas áreas do Cerrado. Temos de fazer algo para protegê-la, antes que desapareça. Além disso, o tatu-bola tem potencial para ser um símbolo, nos ajudando a despertar a consciência da sociedade sobre a necessidade de proteger a Caatinga.

◆ **Como surgiu o Programa Tatu-bola?**

Começamos em 2012 com uma campanha para tornar o tatu-bola a mascote da Copa do Mundo no Brasil, porque ele só existe aqui, é muito carismático e tem essa particularidade de tomar o formato de uma bola, o que tinha tudo a ver com o evento. A iniciativa deu certo, então definimos um plano de ação nacional e passamos a buscar recursos e parcerias para divulgar e implementar o programa de conservação.

◆ **Quais são os objetivos do programa?**

Estamos identificando áreas habitadas pelo tatu-bola que tenham potencial para se tornar Unidades de Conservação e pretendemos criar essas unidades para favorecer a permanência do animal na mata nativa.

◆ **Como vocês estão trabalhando para atingir esses objetivos?**

Realizamos várias pesquisas e promovemos ações de sensibilização das comunidades e de conscientização da sociedade para ajudar na preservação do tatu-bola e de toda a Caatinga.

◆ **Como vocês conseguem identificar as áreas onde o tatu-bola vive?**

Partimos de um mapeamento antigo que precisa ser atualizado. Em seguida, investigamos com a população desses locais para saber onde e quando o animal foi visto pela última vez. Com base nessa apuração, começamos a procurar o tatu-bola. Nossa primeira expedição aconteceu em agosto de 2016, quando um grupo com biólogos, veterinários, geógrafos e técnicos partiu para o Cânion do Rio Poti, em Crateús, no Ceará.

◆ **Quais foram as principais dificuldades encontradas pelo grupo durante essa expedição?**

Para começar, o acesso aos locais nem sempre é fácil. Em dez dias percorremos trechos de carro e a pé e ainda usamos caiaques e barcos infláveis. Mas a maior dificuldade é encontrar o animal. Ao contrário de outros tatus, ele não se esconde em buracos, mas ainda não sabemos muito sobre seus hábitos, já que é bem pequeno e a população é reduzida. Na expedição pedimos a ajuda até de pessoas que estão habituadas a caçar o tatu-bola para encontrá-lo.

Tatu-bola na natureza, no Ceará.

Expedição pelo Cânion do Rio Poti, entre o Piauí e o Ceará.

Tatu-bola adulto em uma toca, no Piauí.

◆ **Vocês tiveram dificuldade de conseguir a colaboração dos caçadores?**

Na verdade, não. Muita gente caça o tatu-bola e outros animais para se alimentar, mas essas pessoas entendem que estão fazendo algo errado [trata-se de um crime ambiental] e se preocupam com o futuro das espécies da Caatinga. Procuramos conscientizar a população, para que todos compreendam que é preciso suspender a caça, evitar o desmatamento e as queimadas para tentar reduzir os danos ao bioma. Mostramos também que a definição de uma Unidade de Conservação pode gerar novas atividades econômicas. Um caçador pode, por exemplo, se tornar guia e levar turistas para conhecer o parque e seus animais. Sabemos que é preciso pensar também nas pessoas que vivem na Caatinga e oferecer outras possibilidades de subsistência.

◆ **Como foi a reação do tatu-bola durante o encontro com a sua equipe?**

Quando ele sente a presença de alguém, primeiro tenta fugir e depois se enrola e se fecha na carapaça. É uma forma eficaz de defesa porque permite escapar de predadores como a raposa, que não consegue furar ou abrir a carapaça. Mas essa estratégia faz do animal uma presa fácil para caçadores humanos. Como o tatu-bola pode ficar fechado por mais de uma hora, fizemos a captura enquanto ele estava enrolado, demos anestesia para que ele se abrisse e assim conseguimos fazer as medições e a retirada de material para exames. Depois de um tempo, ele acordava e era devolvido exatamente no local onde havia sido encontrado.

◆ **Que descobertas vocês fizeram na expedição?**

Percebemos que o tatu-bola é mais ativo de madrugada, geralmente após a meia-noite; que se esconde em áreas de vegetação mais densa, entre os arbustos; e que vive sozinho. Mas o mais importante é que confirmamos a presença da espécie em quase todas as áreas visitadas.

◆ **Quais os próximos passos do Programa Tatu-bola?**

Vamos continuar com os estudos e organizar outras expedições para ampliar o mapeamento da espécie e saber mais sobre ela. Com os dados dessas pesquisas vamos propor a criação de novas Unidades de Conservação. É claro que não estamos fazendo todo esse esforço para proteger "apenas" um animal. Quando você cria uma Unidade de Conservação, protege toda a fauna, a flora e os recursos naturais associados ao bioma onde vive o animal e a população do local.
O programa pretende reduzir a taxa de perda de hábitat do tatu-bola e implementar esforços de conservação para proteger a Caatinga.

▶ Saiba mais sobre o **Programa Tatu-bola** em <http://mod.lk/tatubola>. Confira também o *site* da **Associação Caatinga** em <http://mod.lk/acaat>. Acessos em: 20 mar. 2017.

MÃOS À OBRA — Desenhar

Complete o jardim.

VOCÊ SABIA?

- Caatinga é uma palavra de origem indígena que significa mata branca. Esse bioma só existe no Brasil e é repleto de vida. Já descobriram mais de 930 espécies de plantas e quase 1.500 de animais.

- Muitas plantas e animais que só existem na Caatinga estão ameaçados de desaparecer, pois essa é a região mais sensível do Brasil às interferências do homem e às mudanças climáticas.

- O forte calor da Caatinga exige estratégias de sobrevivência. A vegetação se encolhe, troca folhas por espinhos e muda de posição para evitar o sol ardente.

- Para ter certeza de que as chuvas estão chegando, basta olhar o mandacaru, um cacto que, pouco antes das primeiras chuvas, começa a dar frutos vermelhos muito apreciados pelas aves.

Mandacaru com fruto no sertão baiano.

LEMBRETE

O meio natural é o verdadeiro material intuitivo capaz de estimular forças escondidas da criança.

Ovide Decroly.

DICAS

▶ Não é preciso ir muito longe para explorar a natureza com a criança. Ao caminhar pela rua, mostre a ela árvores com frutos, flores na calçada, insetos e ninhos de passarinho.

▶ Convide a criança a observar a paisagem com atenção. Vocês podem procurar nuvens no céu, reparar nas diferentes formas da Lua e na mudança de posição do sol ao longo do dia.

▶ Estimule a criança a ter contato com terra, grama e areia, seja no quintal de casa, na praia ou em parques públicos.

DESAFIO

Quais destes bichos vivem no mar?

GOLFINHO

PEIXE TROPICAL

LAGARTIXA

TUBARÃO

Em família

Pesquisar e registrar

Você já viu muitos bichos? Que tal pesquisar a vida de algum bicho com a ajuda de sua família? Depois, peça a um adulto que registre o que vocês descobriram!

Realize esta atividade quando o professor solicitar.

MOSTRE AOS COLEGAS DA ESCOLA.

VOCÊ SABIA?

- Tarsila do Amaral (1886-1973) passou a infância nas fazendas de sua família no interior do estado de São Paulo. Ela corria pelos pastos, subia em árvores e dava nome a grandes pedras que encontrava.
- Tarsila pintou seu primeiro quadro aos 16 anos, quando estudava em Barcelona, Espanha, e não parou mais.
- Em 1922, ela se uniu ao grupo de artistas e intelectuais brasileiros do movimento modernista, que buscava valorizar a cultura do país.
- Tarsila explorou temas bem brasileiros, exaltando a natureza tropical e a cultura popular com cores "caipiras" de sua infância. Quando pintou o quadro *A Cuca*, uma referência à famosa personagem folclórica, ela o descreveu assim: "É um bicho esquisito, no mato com um sapo, um tatu, e outro bicho inventado".

A Cuca. Óleo sobre tela, 1924.

DICAS

▶ Muitos museus têm horários e programações especiais para crianças. Informe-se sobre a adequação das instalações, procure exposições interativas e programe passeios curtos, sem se preocupar em ver o museu inteiro ou cumprir um roteiro determinado.

▶ *Shows* de música infantil em parques públicos são uma ótima opção de passeio cultural para crianças. Na hora do espetáculo, escolha um local confortável e com sombra, coloque uma esteira ou cadeiras e ofereça água e um lanchinho à criança.

▶ Procure ter em casa vários tipos de papel, com tamanhos, cores e texturas diferentes, e material para colagem, desenho e pintura, além de massinha de modelar e argila, que podem virar lindas esculturas.

CÁ ENTRE NÓS

Incentivar o contato das crianças com diferentes linguagens artísticas contribui para o desenvolvimento da linguagem, da inteligência, da sensibilidade e da afetividade. As crianças são naturalmente curiosas e receptivas e, para elas, ouvir música, assistir a um espetáculo de dança, visitar um museu e brincar com obras interativas são experiências igualmente lúdicas e repletas de descobertas de cores, texturas, sons e emoções.

Quanto mais cedo as crianças tiverem contato com a arte, seja produzindo, apreciando ou interagindo, mais facilmente vão descobrir maneiras de se expressar e poderão vivenciar experiências que ajudam na construção de valores e de uma visão crítica do mundo.

LEMBRETE

Quando eu tinha 15 anos sabia desenhar como Rafael [Sanzio], mas precisei de uma vida inteira para aprender a desenhar como as crianças.

Pablo Picasso.

PLAYGROUND

Crianças de 2 anos já gostam de brincar em grupo. Reúna a família e brinque de **Seu mestre mandou** com movimentos simples, para que elas ampliem sua consciência corporal e desenvolvam a coordenação motora.

Como se brinca

- Escolha uma pessoa para ser o mestre. Ele ficará à frente dos outros participantes e dará ordens que todos deverão cumprir.
- O mestre deve dizer para o grupo "Seu mestre mandou..." e completar a frase com alguma tarefa, como correr, pular ou levantar os braços.
- Aos poucos, o mestre pode sugerir movimentos mais complexos e mais rápidos, como girar mostrando a língua ou andar batendo palmas. E também movimentos coletivos, como andar formando um trenzinho.

MÃOS À OBRA — Desenhar

DICAS

▶ Apresente à criança o mundo da literatura. Entrar nele em família despertará nela o prazer de ler, ouvir e contar histórias.

▶ Escolha um lugar aconchegante da casa, coloque tapete, almofadas, uma caixa ou estante com livros infantis e inaugure o Cantinho da história. Nele, leia para a criança, converse sobre os textos e incentive-a a recontar suas histórias preferidas e a criar novas histórias.

▶ Para montar uma biblioteca em casa, fique atento aos interesses da criança, confira indicações de professores e de outras famílias e procure se inteirar sobre os lançamentos de literatura infantil.

LEMBRETE

Sempre digo aos pequenos que o livro é um objeto mágico, muito maior por dentro do que por fora. Por fora, ele tem a dimensão real, mas dentro dele cabe um castelo, uma floresta, uma cidade inteira... Um livro a gente pode levar para qualquer lugar. E com ele se leva tudo.

Tatiana Belinky.

NA REDE

O que vamos ler?

Aos 2 anos, as crianças já conseguem manusear livros infantis, associam histórias a imagens, memorizam narrativas e até elegem contos favoritos.

Com base em suas vivências de mãe e de leitora, a jornalista Daisy Carias criou o *blog* **A Cigarra e a Formiga**, no qual compartilha dicas de livros para crianças de diferentes idades, notícias sobre lançamentos, além de vídeos com comentários e sugestões literárias. Aproveite as dicas e boa leitura!

▲ Francisco, filho mais velho de Daisy, lê para o irmão Vinícius.

▶ Confira em <http://mod.lk/cigarra>. Acesso em: 22 mar. 2017.

RESPOSTAS

Página 15

Resposta: boliche.

Página 23

Resposta (de cima para baixo): flauta, xilofone, chocalho.

Página 31

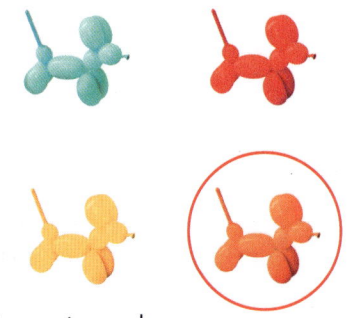

Resposta: cachorro.

Página 42

GOLFINHO

PEIXE TROPICAL

LAGARTIXA

TUBARÃO